ປື້ມສີສົ້ມ

ໂດຍ: ເຄອາ ແຄຣີ່
ຮູບໂດຍ: ອາມີ ມູເລນ

Library For All Ltd.

ອົງການ Library For All ແມ່ນອົງການທີ່ບໍ່ຫວັງຜົນກຳໄລ ທີ່ມີພັນທະກິດທີ່ຈະເຮັດໃຫ້ທຸກຄົນ
ສາມາດເຂົ້າເຖິງແຫຼ່ງຄວາມຮູ້ ຜ່ານບະວັດຕະກຳຫ້ອງສະໝຸດດິຈິຕອນ.
ເຂົ້າເບິ່ງລາຍລະອຽດເພີ່ມເຕີມທີ່: libraryforall.org

ປື້ມສີສົ້ມ

ຈັດພິມຄັ້ງທຳອິດໃນປີ 2019. ແປ ແລະ ຈັດພິມໃນ ສປປ ລາວ ປີ 2020.

ຈັດພິມໂດຍ: ອົງການ Library For All
ອີເມວ: info@libraryforall.org
URL: libraryforall.org

ປື້ມພາສາລາວເຫຼັ້ມນີ້ ຖືກສະໜັບສະໜູນໂດຍການຮ່ວມມືຂອງ

ຮູບແຕ້ມຕົ້ນສະບັບໂດຍ ອາມີ ມູເລນ

ປື້ມສີສົ້ມ
ເຄອາ ແຄຣີ່
ISBN: 978-9932-09-094-5
SKU00909

ປື້ມສີສົ້ມ

ດວງຕາເວັນສີສົ້ມ.

ແປວໄຟສີສົ້ມ.

ດອກໄມ້ສີສົ້ມ.

ແມງກະເບື້ອສີສົ້ມ.

ເຮືອນສີສົ້ມ.

ໝາກອຶສຶ້ມ.

ໝາກກ້ຽງສີສົ້ມ.

ໝາກກ້ຽງນ້ອຍສີສົ້ມ.

ກ່ອງສີສົ້ມ.

ສີສີສ້ມ.

ຂໍ້ມູນທາງບັນນານຸກົມຂອງຫໍສະໝຸດແຫ່ງຊາດ

ເດອາ ແຄຣີ່
ປື້ມສີສົ້ມ L / ໂດຍ ເດອາ ແຄຣີ່. -- ຄັ້ງທີ່2. -- ວຽງຈັນ : ມັກອ່ານ, 2020
30 ໜ້າ : ພາບປະກອບສີ ; 21 ຊມ
1. ວັນນະກຳສຳລັບເດັກ
2. ສີ
I. ຊື່ເລື່ອງ
808.899282 -- dc21
ISBN 978-9932-09-094-5

ເຈົ້າສາມາດໃຊ້ຄຳຖາມດັ່ງລຸ່ມນີ້ເພື່ອ ສົນທະນາກ່ຽວກັບເລື່ອງທີ່ອ່ານກັບ ຄອບຄົວ, ໝູ່ ແລະ ຄູອາຈານ.

ເຈົ້າໄດ້ຮຽນຮູ້ຫຍັງຈາກເລື່ອງນີ້?

ຈົ່ງອະທິບາຍເລື່ອງນີ້ ໂດຍໃຊ້ຄຳບັນຍາຍ 1ຄຳ. ຕະຫຼົກ? ຢ້ານ? ມີສີສັນ? ໜ້າສົນໃຈ?

ເມື່ອອ່ານຈົບແລ້ວ,
ເລື່ອງນີ້ໃຫ້ຄວາມຮູ້ສຶກຫຍັງແດ່?

ໃນເລື່ອງນີ້, ເຈົ້າມັກສິ່ງໃດຫຼາຍທີ່ສຸດ?

ດາວໂລດແອັບ
getlibraryforall.org

ກ່ຽວກັບຜູ້ປະກອບສ່ວນ

ເດອາ ແຄຣີ ເຕີບໃຫຍ່ຂຶ້ນມາພ້ອມກັບການຮັກການອ່ານ, ການຂຽນ ແລະ ການຮຽນຮູ້. ໃນຖານະທີ່ເປັນຄູອາຈານສອນ ທ່ານນາງ ແຄຣີ ໄດ້ມີໂອກາດ ແບ່ງປັນການຮຽນຮູ້ໃນຊີວິດຄົນຮຸ່ນໃໝ່. ເດອາ ມັກການຂຽນໃຫ້ເລື່ອງ ລາວຕ່າງໆມີຊີວິດຊີວາຜ່ານຕົວແບບ ແລະ ມັກແບ່ງປັນປະສົບການການອ່ານ ການຂຽນ ຜ່ານສິລະປະ, ການເຕັ້ນ, ດົນຕີ ແລະ ສື່ສ້າງສັນ ແລະ ກິດຈະກໍາການສະແດງລະຄອນຕ່າງໆ.

ເມື່ອບໍ່ໄດ້ຢູ່ໃນໂລກຂອງຈິນຕະນາການ ທ່ານ ເດອາ ມັກທີ່ຈະຟ້ອນລໍາ, ໄປຍ່າງປ່າ, ຖ່າຍຮູບ, ຫຼິ້ນເປຍໂນ ແລະ ເວົ້າຕະຫຼົກເຮັດໃຫ້ ຄົນອື່ນມີຄວາມສຸກມີສຽງຫົວ.

ນອກຈາກນີ້ ລາວຍັງເປັນອາສາສະໝັກ ໃນວຽກງານຫຼາຍດ້ານ.

“ຈົ່ງປ່ຽນແປງ ຕາມທີ່ທ່ານຕ້ອງການທີ່ຈະເຫັນຢູ່ໃນໂລກນີ້”
~ ທ່ານ ມະຫະຕະມະ ຄານທີ.

“ຂ້າພະເຈົ້າບໍ່ສາມາດປ່ຽນໂລກນີ້ໄດ້, ແຕ່ຂ້າພະເຈົ້າສາມາດໂຍນຫີນລົງໃນນໍ້າເພື່ອສ້າງຄື້ນນໍ້າໄດ້.”
~ ແມ່ຊີ ເທເຣຊາ.

ປື້ມຫົວນີ້ມ່ວນບໍ່?

ພວກເຮົາມີປື້ມຫຼາຍຮ້ອຍຫົວໃຫ້ເລືອກອ່ານ.

ພວກເຮົາຮ່ວມມືກັບນັກຂຽນ, ຊ່ຽວຊານດ້ານການສຶກສາ, ທີ່ປຶກສາທາງດ້ານວັດທະນະທຳ, ລັດຖະບານ ແລະ ອົງກອນທີ່ບໍ່ຂຶ້ນກັບລັດຖະບານ ເພື່ອນຳຄວາມເພີດເພີນ ໃນການອ່ານໃຫ້ກັບເດັກນ້ອຍທົ່ວທຸກແຫ່ງ.

ຮູ້ບໍ່?

ພວກເຮົາສ້າງການປ່ຽນແປງທີ່ດີໃນຂົງເຂດນີ້ ໂດຍປະຕິບັດ ເປົ້າໝາຍ ການພັດທະນາແບບຍືນຍົງຂອງສະຫະປະຊາຊາດ.

libraryforall.org